Reinaldo Domingos e Mauricio de Sousa

Turma da Mônica
Visita à fazendinha

Participação especial: Nico

Mauricio de Sousa Editora

editora dsop

CAPÍTULO 1

Um visitante sonhador

Em um dia ensolarado no bairro do Limoeiro, Cascão foi até a casa de Cebolinha e encontrou o amigo escondido atrás de uma pilha de papéis tão grande que só dava para ver as pontas dos fios do cabelo dele.

– O que você tá fazendo, Careca?

– Tô **levendo** meus planos **pla** ver se algum **selve** – Cebolinha pegou um papel da pilha, olhou para ele e o jogou fora.

– Plano pra quê?

– Que **pelgunta,** Cascão! Planos **pla delotar** a Mônica, **clalo**.

– Ah, Cebolinha, deixa isso pra lá. Vamos jogar bola no campinho.

– Cascão, ser o dono da **lua** é muito mais **impoltante** do que um jogo de futebol.

– Tá bom, vou chamar o Xaveco, então.

– **Espela**! Você tem que me ajudar. **Pleciso** de alguma ideia...

– Vamos até o campinho, e quem sabe você tenha alguma ideia no caminho.

Um pouco contrariado, Cebolinha foi com o amigo. No caminho, eles passaram em frente à casa da Mônica e, bem na hora, um homem e um menino tocavam a campainha.

– **Espela**, Cascão – Cebolinha parou o amigo e o puxou para trás de uma árvore.

– O que foi?

– Quem são esses dois?

– Eu sei lá!

– Vamos **obselvar**, pode **sulgir** uma **opoltunidade** – falou Cebolinha, empolgado.

Cascão não estava nada animado, mas resolveu não discutir e esperar um pouco. Os dois viram que Mônica veio correndo atender.

– Nico! – Mônica abriu a porta e abraçou o amigo. – Estava com saudade!

– Eu também! – respondeu Nico, meio sem ar com o abraço, que foi tão forte que ele achou que fosse quebrar suas costelas.

O pai de Mônica estava junto e cumprimentou o garoto e o pai dele, enquanto Mônica já puxou Nico para dentro de casa. Nico deixou suas coisas no quarto da amiga e os dois foram brincar com Monicão.

Enquanto isso, Cebolinha queria espiar mais de perto e Cascão, apesar de receoso, acabou concordando. Eles se aproximaram da casa de Mônica e espreitaram pelo quintal.

– Mônica, lá em casa, também adotamos um cachorro, o Bira – contou Nico, enquanto afagava o cão da amiga.

– Que ótimo! Então, na sua casa nova tem espaço pra criar um cachorro? E você está gostando de morar em Guatinga?

– Onde é Guatinga? – sussurrou Cascão para o Cebolinha.

– Psiu! – Cebolinha deu um cutucão em Cascão.

– Tô, sim – respondeu Nico. – Mas sinto saudade de Lagoa Branca, do meu avô e do sítio dele.

– Seu avô mora num sítio?

– Você não sabia, Mônica?

– Não! E o que você fazia lá?

– Ah, várias coisas. – Nadava no rio, subia nas árvores, ajudava meu avô a cuidar dos animais. Eu tenho até uma ovelha, a Matilda!

Atividade

Vamos descobrir quais animais Mônica encontrará no sítio do seu Amadeu, o avô do Nico? Com a ajuda de um adulto, recorte as imagens das páginas 51 e 53 e monte o jogo da memória.

Junte todas as cartas recortadas, embaralhe as peças e coloque-as com as imagens dos animais viradas para baixo. Cada participante deve desvirar duas cartas. Se forem imagens iguais, retire-as do jogo. Se forem diferentes, vire novamente as cartas para baixo e passe a vez para o próximo participante. Ganha quem conseguir mais cartas iguais dos animais.

RESPOSTA: Resposta pessoal.

– Tem ovelhas no sítio? – os olhos de Mônica brilharam. – E que outros bichos existem lá?

– Vaca, galinha, cachorro, os pássaros que moram nas árvores, patos.

– Tem coelhos?

– Não... Mas no sítio vizinho tem! Eles são muito fofinhos!

– Ah, Nico, queria ver todos esses bichos!

– Você podia visitar o sítio em Lagoa Branca! A gente poderia passar uns dias lá.

– Não sei, teria que ver com os meus pais.

– Você pode fazer disso um sonho seu e aí se organizar pra realizá-lo! Meu vô sempre fala disso.

– Como assim, Nico?

– Vamos falar com meu vô! Ele vai ficar muito feliz se você for visitar o sítio. O vô Amadeu também pode explicar como fazer disso um sonho.

Os dois entraram em casa e foram para a sala. Sem que Nico ou Mônica vissem, Cebolinha e Cascão se ajeitaram debaixo da janela da sala, do lado de fora, para continuar ouvindo. Cascão sussurrou:

– Se a Mônica pegar a gente aqui, Cebolinha...

– Psiu! É só você ficar quieto que ela não vai desconfiar, Cascão. Estou começando a ter uma ideia.

Nico, que tinha levado o *tablet* de seus pais para a viagem até o Limoeiro, fez uma videochamada com o avô.

– Oi, vô! A Mônica quer conhecer os animais do seu sítio e os coelhos do seu Pedro! O que acha?

– Mônica, você será muito bem-vinda! – respondeu seu Amadeu.

– Viu? – falou Nico para Mônica. – Vô, esse pode ser o sonho dela, né?

Mônica achou que tinha ouvido um barulho do lado de fora e olhou para a janela, mas não viu nada.

– Claro que sim, Nico – respondeu seu Amadeu. – Mônica, se quiser conhecer o sítio e ver os animais de perto, podemos ajudar você.

– Eu quero! Posso encostar neles?

– Em alguns, sim – riu o avô de Nico. – Então, visitar o sítio e conhecer os animais de perto será o seu sonho, Mônica.

– A Mônica já identificou o sonho dela, né, vô? – começou Nico. – Agora, precisa só se organizar: pedir autorização pros seus pais, ver quanto custa a passagem até Lagoa Branca e...

Nico foi interrompido por um estrondo! Segundos antes, Mônica havia atirado o Sansão pela janela e atingido em cheio o Cebolinha.

– Aaaaiii! – gritou Cebolinha e levantou, revelando seu esconderijo embaixo da janela da sala de Mônica.

– Cebolinhaaaaa! O que você está fazendo aqui?

– **Plecisava atilar** o Sansão com tanta **folça**, Mônica? – Cebolinha via estrelas, seu olho estava roxo e havia um galo enorme em sua cabeça.

– Ninguém mandou ficar bisbilhotando – Mônica reparou que Cascão tentava se esconder atrás de um arbusto. – Pode sair daí, Cascão, senão também vai levar coelhada.

– Eu não fiz nada, Mônica – Cascão se aproximou da janela e colocou as mãos defendendo o rosto. – Foi tudo ideia do Cebolinha.

– Quem é esse **galoto**? – perguntou Cebolinha.

– É o Nico, e aquele no *tablet* é o avô dele, o seu Amadeu.

Eles se cumprimentaram.

– Eles estavam me contando sobre como realizar sonhos. Querem participar?

– Não, não podemos – Cebolinha foi puxando Cascão. – Temos que **lesolver** umas coisas, e não **quelo coler** o **lisco** de levar **outla** coelhada.

Mônica e Nico viram, pela janela, Cebolinha e Cascão indo embora.

– Peço desculpas, seu Amadeu. Esses meus amigos às vezes são meio mal--educados. Pode continuar.

– Seus amigos pareceram muito divertidos – falou seu Amadeu, rindo.

– Encrenqueiros, isso sim! – respondeu Mônica.

– Depois de identificar o seu sonho e os passos de que você precisa dar para alcançá-lo, no seu caso falar com seus pais e juntar o dinheiro da passagem, você deve saber se tem esse dinheiro no seu orçamento – continuou seu Amadeu. – Pesquisar quanto custa, quanto dinheiro terá de juntar por mês e quanto tempo vai levar para conseguir todo o valor que cabe dentro de seu orçamento, isto é, do valor que conseguirá guardar até poder realizar seu sonho.

– Mas que dinheiro? Eu não tenho dinheiro – pontuou Mônica.

– Você pensa que não tem dinheiro... mas você tem! O dinheiro que ganha dos seus pais para comprar algo de que gosta pode ser gasto de forma diferente. Parte dele pode ser guardado para os desejos que você quer realizar e a outra parte, para comprar as coisas de sua necessidade. Chamamos isso de diagnóstico, ou seja, você olha bem de pertinho para o que você tem, o que você quer e como você vai fazer para alcançar os seus sonhos.

– Hum, não sei, não... – disse a garota.

– O Nico pode ajudar, Mônica. Agora que tem um sonho, você precisa poupar dinheiro para que ele se torne realidade.

– Eu ajudo você nesses dias em que vou ficar aqui – concordou Nico.

– E, se quiser, pode chamar seus amigos para visitarem o sítio também – completou o avô do garoto.

– Nico, vamos falar com a Magali. Ela adora animais.

– Vamos lá! Tchau, vô.

– Tchau, seu Amadeu.

Os dois desligaram e foram atrás da Magali.

CAPÍTULO 2

A fazendinha infalível

Assim que saiu da casa da Mônica, Cebolinha chamou Cascão até o clubinho. Ele tinha um plano e não queria ser interrompido por ninguém.

– Cascão, tive uma ideia de um plano infalível!

– Sei...

– Desta vez, a gente vai pegar aquele coelho sujo e **delotar** a Mônica! Mas temos muita coisa **pla** fazer antes.

– Olha, Careca, não me leva a mal – falou Cascão, nada animado e já de saída. – Prefiro jogar bola no campinho.

– Vamos lá, Cascão! – Cebolinha foi puxando o amigo.

– Melhor não.

– Cascão, você não confia em mim?

– Em você, sim; nos seus planos, não.

– Esse vai dar **celto**, tenho **celteza**.

Cascão foi se desvencilhando do amigo, mas Cebolinha o segurou de novo.

– Você não tem um sonho, como disse o tal amigo da Mônica?

– Tenho!

– Qual?

– Que nunca mais chova!

– Mas isso não dá **pla** fazer – falou Cebolinha, abafando o riso. O meu sonho é possível: ser o dono da **lua**. Me ajuda, vai? Aí você vai ser o vice-dono!

– Às vezes, acho que é mais fácil nunca mais chover... – riu Cascão. – E qual é o grande plano desta vez?

– A **plóplia** Mônica me deu a ideia. Ela está louca **pla** ver os animais de uma fazenda, né?

– E daí?

– E daí que vamos **constluir** uma fazendinha! Aí, ela vai se **distlair**, nós pegamos o Sansão e **plonto!** Mônica é **delotada**; eu, o novo dono da **lua**; e você, o vice-dono.

– Construir uma fazendinha? E os animais?

– Isso é o mais fácil.

Cebolinha pegou alguns papéis e começou a traçar seu plano.

Atividade

Complete o texto com as palavras: não materiais, guardar, tempo, coletivos, sonhos, desejos, materiais e individuais.

Sonhos são ______________. Eles podem ser __________, ___________, _____________ e _____________.

Para realizar nossos __________, temos que saber o que queremos, quanto podemos _________ por mês e em quanto ___________ iremos realizá-lo.

RESPOSTA: Desejos, materiais, não materiais, individuais, coletivos, sonhos, guardar, tempo.

Alguns dias depois, quando Mônica e Magali estavam assistindo a uns truques de mágica que Nico e Nimbus tinham preparado, surgiram dois senhores trajando chapéu e macacão jeans.

– Boa **talde**! – disse um dos senhores, o que usava bigode. – Eu sou o senhor Bugalhos e esse é meu sócio, senhor **Polcalhão**.

– Vocês não me parecem estranhos... – disse Magali, fazendo um esforço enorme para se lembrar.

– É que temos **lostos** muito comuns.

– Sei... – respondeu Mônica, desconfiadíssima. – É que você não fala o “r”, igual ao Cebolinha.

– Isso é muito comum na minha cidade. É um sinal de inteligência.

O senhor Porcalhão segurou a risada enquanto o senhor Bugalhos deu uma cotovelada nele.

– Viemos fazer um convite. Temos uma fazendinha com muitos animais em exposição – começou o senhor Bugalhos.

– É bem aqui no Limoeiro. Perto do nosso... – o senhor Porcalhão estava falando e recebeu outra cotovelada do senhor Bugalhos. – Perto do clubinho dos meninos.

– Fazenda? – perguntou Nico.

– Sim, uma fazenda **itinelante**.

– Com bichinhos? – perguntou Mônica, já esquecendo sua implicância inicial.

– Sim! – o senhor Bugalhos respondeu e entregou um panfleto para a menina.

– Muitos bichos. Venham nos visitar!

E os dois senhores foram embora.

– Vamos, gente?

– Hum... Meio estranha essa história de fazenda itinerante. Nunca ouvi falar disso – respondeu Nico.

– Nem eu – concordou Magali.

– Eu não posso, tenho que ir pra casa. Até mais – despediu-se Nimbus.

– Ah, vamos lá dar uma olhadinha. A gente não está fazendo nada mesmo.

Nico e Magali concordaram. Os três foram até bem perto do clubinho e viram uma grande tenda e um terreno cercado. Existia ali uma placa pintada à mão: Fazendinha Itinerante.

– É aqui! É aqui – falou Mônica, muito animada.

Na mesma placa estava escrito: Muitos bichos e animais fofinhos lá dentro. Entrada: apenas R$ 3,00 por pessoa. Xaveco estava na porta, disfarçado como bilheteiro.

– Ah, tem que pagar! – reclamou Magali.

FAZENDINHA ITINERANTE
MUITOS BICHOS E ANIMAIS FOFINHOS LÁ DENTRO →
ENTRADA: APENAS $ 3,00 POR PESSOA

– E daí? – perguntou Mônica.
– Mônica, você não estava economizando pra visitar o sítio do meu avô?
– Mas eu quero ver os bichos daqui e os do sítio do seu Amadeu!
– Prefiro gastar esse dinheiro comprando sorvete – argumentou Magali.
– E eu prefiro economizar pros meus sonhos – respondeu Nico.
– Gente, eu quero muito ir. Já sei! Vou pagar pra vocês.
– Não, Mônica. Você passou dias economizando esse dinheiro.
– Nico, o dinheiro é meu, e eu quero ver esses bichinhos e quero vocês comigo.
Mônica pegou o dinheiro para as três entradas e entregou para Xaveco.

CAPÍTULO 3

O dono da lua

Ao entrarem na tenda, o senhor Bugalhos esperava por eles.

– Por aqui, **clianças**. Até o final da tenda.

Mônica, Magali e Nico caminharam pela tenda, que formava um longo corredor, que no final, se abria para um campo, bem perto de uma floresta, com vários cercados. Eles podiam passear entre as cercas, mas não era possível tocar nos bichos.

– Ali – apontava o senhor Bugalhos – está nosso **polco** selvagem.

– Que fofinho! – comentou Magali.

– A gente pode chegar mais perto? – quis saber Mônica.

– Ah, não, ele pode ficar **nelvoso**, é um **polco alisco**.

Eles caminharam um pouco mais, e o senhor Bugalhos apontou e disse:

– Aquele é nosso boi.

– Que boi esquisito – comentou Nico. – Não parece com os bois que eu via em Lagoa Branca.

– Os bois da minha cidade são assim **difelentes**, mais... bonitos.

– O que é aquilo? – apontou Magali para o bicho dentro da cerca ao lado.

– Ah! Aquele é nosso pônei.

– Que lindo! E ele me parece familiar – falou Mônica, se debruçando sobre a cerca para tentar vê-lo mais de perto.

– Cuidado, **senholita**, esse pônei é muito **lalo** e se assusta facilmente.

Nico olhava tudo meio desconfiado e Magali parecia impaciente.

– Tem alguma barraquinha com comida de fazenda aqui?

– Comida de fazenda? – perguntou senhor Bugalhos.

– Milho, bolo de fubá, doce de leite, pamonha? Qualquer coisa!

– Infelizmente não, **senhola** – o senhor Bugalhos, apreensivo, olhou para os lados e viu que o senhor Porcalhão se aproximava. – Ah, meu sócio **ilá** continuar a visita, eu vou **plovidenciar** algo **pla** vocês **comelem**.

– Ainda não vimos aqueles outros bichos – Mônica apontou para algumas cercas.

– Ah! Aquela é a nossa espécie de ovelha – falou o senhor Porcalhão, apontando para um bicho branco.

– Que ovelha engraçada – comentou Magali.

A ovelha, que era bem peculiar por ter só parte do pelo enrolado, estava se chacoalhando de um lado para o outro.

– Sim, sim, ela é uma ovelha... de muito longe – tentou explicar o dono da fazenda. – Mas vejam aquele bode ali.

– Um bode azul? – quis saber Nico.

– É um bode muito nobre, de sangue real. Por isso é azul.

Outras pessoas da turma apareceram para visitar a fazendinha, entre elas a Marina e o Cebolinha.

– Oi, **tulma**!

– Oi, Cebolinha! – cumprimentou Magali. – Pessoal, preciso fazer um lanchinho e encontro vocês lá fora.

– O que você está fazendo aqui? – quis saber Mônica.

– Ué? Uma pessoa não pode **queler** conhecer os animais?

– Pode.

– Então, **plonto** – Cebolinha disse e se aproximou de Nico. – Você é o Nico, né?

– Sou, sim.

– Então, Nico, aqui no **Limoeilo** nós temos um clubinho só **pla** meninos, sabe? – e Cebolinha foi puxando Nico para uma cerca mais afastada, que tinha um bicho engraçado no fundo, que parecia uma galinha.

– Ah, é?

– Sim! E como já é amigo da Mônica, pensei em levar você lá **pla** conhecê-lo. O que acha? Quem sabe até ser sócio...

– Mas agora? – Nico questionou.

– **Agola**, **clalo**. **Pla aploveitar** que **válios memblos** do clube estão lá.

Enquanto isso, o senhor Porcalhão mostrava a cerca em que, no fundo, tinha um coelho.

– Vejam esse raro coelhinho.

– Olha que lindo! – disse Mônica. – Quero um coelho de verdade pra mim! Mas esse é meio esquisito... Até o Sansão, que é de pelúcia, parece mais um coelho do que ele.

– Ele também é de uma terra muito distante e, então, é um pouco diferente.

No outro cercado, Nico e Cebolinha continuavam a conversar.

– Vamos, daqui a pouco a gente volta. Elas **espelam** aqui, ou você acha que a Mônica vai **lalgar** esse coelho e todos esses bichos tão cedo?

– Tá bom. Vamos.

Os dois foram para o clubinho e, assim que entraram, Cebolinha apresentou todos para Nico.

– **Tulma**, esse é Nico. **Tlatem** ele muito bem e **mostlem** tudo por aqui – Cebolinha foi dando instruções para os membros e apresentou todos para Nico.

– Estes são: Xaveco, Titi, **Jelemias**, **Do Contla**, Manezinho.

Os membros do clubinho cumprimentaram Nico e mostraram os jogos e as coisas que faziam lá. Cebolinha, vendo que Nico estava entretido, saiu.

Assim que chegou à fazendinha, Cebolinha procurou Mônica.

– Mônica? – perguntou Cebolinha. – **Quelia mostlar** o clubinho **plo** seu amigo Nico. Cadê ele?

– Tá logo ali... – Mônica se virou e apontou para o cercado perto da galinha, mas não viu Nico. – Ué! Ele estava ali agora.

– Que **estlanho! Selá** que aconteceu alguma coisa com ele?

Mônica começou a olhar em volta, preocupada.

– O que poderia ter acontecido? – Mônica andava entre as outras crianças. – Nico? – gritou a garota.

Ninguém respondeu, nem sinal de Nico.

– Puxa, Mônica, com esses bichos **estlangeilos** aqui, **selá** que ele foi **moldido** por algum deles?

– Não, não pode.

– Eu ajudo você a **plocular**, vamos.

Cebolinha puxou Mônica e os dois saíram procurando nos cantos das cercas, olharam dentro dos cercados, na tenda. Preocupada com o sumiço do amigo, Mônica não percebeu que o senhor Porcalhão, muito sorrateiramente, pegou Sansão e o levou embora da fazendinha.

– Mônica, é melhor a gente se dividir: você **plocula** aqui e eu, mais **plo** final da fazendinha – argumentou Cebolinha.

Mônica, que estava mais tensa a cada instante, concordou. Já no clubinho, Nico percebeu que o amigo tinha sumido.

– Pessoal, acho que vou voltar pra fazendinha. A Mônica pode ficar preocupada se notar minha falta.

Os meninos tentaram convencer Nico a ficar, mas ele resolveu ir mesmo assim. Ao sair do clubinho, ele viu Cebolinha e Cascão comemorando, correndo com algo azul nas mãos.

Nico chegou à fazendinha e Mônica foi correndo até ele:

– Nico! Onde você estava? Eu fiquei morrendo de preocupação!

– O Cebolinha me chamou pra conhecer o clubinho deles. Ele disse que seria bem rápido.

– O Cebolinha? – Mônica começou a suspeitar que algo estranho estivesse ocorrendo. – Mas ele veio me falar que você tinha sumido!

– Mas eu fui lá com ele – explicou Nico.

Então, Mônica se deu conta do que estava acontecendo.

– Cadê o Sansão? – Mônica voltou à sua busca, agora por Sansão, e não mais por Nico.

Nico ajudou a amiga a procurar, e nada do coelho.

– Ah, quando eu pegar o Cebolinha! Inclusive, vou pedir aos donos dessa fazenda que não deixem mais ele entrar aqui.

Nico, que olhava ao redor procurando por Sansão, achou um bigode caído no chão!

– Mônica! Olha isso – e mostrou o bigode para ela.

– Esse não é o bigode do senhor Bugalhos?

– Parece, né?

– Ele e o outro sócio bem que pareciam outras pessoas... – concordou Mônica, com mais suspeitas levantadas.

– Acho que a gente poderia fazer uma rápida investigação e diagnosticar para entender o que aconteceu.

Atividade

Mônica e Nico decidiram investigar o que, ou melhor, quem estava por trás daquela fazendinha itinerante que chegou ao bairro do Limoeiro e, também, desvendar o sumiço do Sansão. Pinte apenas as imagens que você usaria nessa investigação.

RESPOSTA: Resposta Pessoal.

Ao observarem o local com mais atenção, os dois amigos conseguiram ver outras coisas que pareciam falsas e encontraram dois macacões jogados num canto, com dois chapéus. Justamente os que os donos da fazendinha usavam.

– Nico! Os fazendeiros só podem ser o Cebolinha e o Cascão disfarçados!

– Faz todo sentido!

– Eu não acredito que o Cebolinha e o Cascão me enganaram, e ainda pegaram o Sansão!

– Eles não enganaram só você, Mônica. A turma toda veio visitar a fazenda e... – Nico estava se sentindo culpado. – Se eu não tivesse ido com o Cebolinha, você não teria perdido o seu coelho.

– Nico, a culpa é do Cebolinha, que planejou tudo, como sempre. Mas não se preocupe: eu vou recuperar o Sansão e aqueles dois vão ter o que merecem.

CAPÍTULO 4

Os compradores

Cebolinha passeava pelas ruas do bairro do Limoeiro e exibia sua grande conquista: Sansão com as orelhas cheias de nós. O garoto era seguido de perto por Cascão e os outros meninos do clubinho. E todos gritavam:

– Cebolinha é o dono da rua! Cebolinha é o dono da rua!

Ainda na fazendinha, Mônica estava decidida a achar Cebolinha e recuperar seu coelho, onde quer que fosse. Ela e Nico foram até o clubinho, mas ele não estava lá, e muito menos o Sansão. Os dois foram até a casa do garoto, mas nem sinal dele. A dupla, então, voltou para a casa de Mônica.

– Eu ainda não acredito que isso está acontecendo – resmungou Mônica. – Mas é questão de tempo até eu pegar meu Sansão de volta. Sabe o que é pior? Gastei todo o meu dinheiro à toa.

– Quando a gente tem um sonho, Mônica, não pode desistir dele por qualquer coisa. Nem por algo que pareça muito legal. Caso contrário, a gente nunca conseguirá realizar nada. Isso vale pra visita ao sítio e também pra recuperar o Sansão.

– Você tem razão – concordou Mônica, toda tristinha.

– Sobre o sonho de visitar o sítio, não é o fim do mundo, agora que você já sabe que consegue economizar.

– É, vou voltar a economizar pra visitar o sítio do seu avô em Lagoa Branca e vou recuperar meu coelho!

– Mônica, e se em vez de ficar correndo atrás do Cebolinha, você fizesse ele vir até você?

– Nico, ele nunca virá até mim.

– Mas podemos usar o plano que ele fez pra recuperar o Sansão e, quem sabe, até o seu dinheiro.

– Como?

– A gente vai precisar de algumas coisas, mas acho que as conseguiremos aqui na sua casa mesmo.

Algum tempo depois, um senhor de bigodão, vestindo um terno um pouco grande para ele e uma bolsa de carteiro e uma senhora de vestido, chapéu e óculos escuros chegaram à fazendinha itinerante. O disfarçado Xaveco ainda estava na porta, como bilheteiro.

– Meu caro rapaz, eu sou o senhor Domênico e esta é a senhora Monique.

Xaveco olhou desconfiado e não respondeu.

– Temos interesse em comprar essa porcaria... – disse a senhora, que engasgou na palavra final ao receber um cutucão do senhor Domênico.

O senhor a corrigiu:

– Em comprar esta fazenda tão bonita.

Xaveco continuou desconfiado.

– Temos muito dinheiro – continuou o senhor.

– Vai logo chamar os donos – esbravejou a senhora, e Xaveco saiu correndo.

Logo em seguida, o senhor Bugalhos e o senhor Porcalhão apareceram. Os quatro se cumprimentaram e, apesar de desconfiado, o senhor Bugalhos não disse nada.

– Temos interesse em comprar esta propriedade – disse o senhor Domênico.

– Vocês poderiam mostrar tudo pra gente?

– **Clalo, clalo**. Por aqui – indicou o caminho o senhor Bugalhos.

Eles entraram pelo corredor da tenda e saíram de frente para os cercadinhos com os bichos.

– É muita cara de pau – sussurrou a senhora Monique para o senhor Domênico, sem que os dois donos pudessem ouvir.

– Psiu! – respondeu o senhor Domênico apenas para ela.

Atividade

Nico e Mônica decidiram pregar uma peça no Cascão e no Cebolinha da mesma forma que eles fizeram. Para isso, se fantasiaram de senhor Domênico e de senhora Monique.

Porém, na hora de colocar a fantasia, a dupla se atrapalhou e acabou misturando as peças. Ajude Nico e Mônica a se fantasiar, recortando as imagens da página 57 e colando-as nesta página.

RESPOSTA: Mônica - chapéu, óculos de sol, vestido e sapatos. Nico - chapéu, bigode, terno e sapatos.

– Esses são nossos lindos e **lalos** animais.

– São bem raros mesmo, né? – perguntou o senhor Domênico.

– São, sim! Raros e muuuito caros – emendou o senhor Porcalhão.

– Ah, mas temos muito dinheiro pra comprar tudo – disse a senhora Monique.

Os donos se olharam animados. O senhor Domênico pegou um *tablet* de sua bolsa e ligou.

– Hum... eles são bem diferentes dos animais comuns, vejam só – o senhor Domênico começou a mostrar fotos de animais para o senhor Bugalhos e o senhor Porcalhão.

Eles foram andando e comparando os animais da fazenda com os que apareciam no *tablet*.

– Essa galinha, por exemplo, me parece bem maior que uma galinha normal.

– Sim, são galinhas gigantes da Malinésia – respondeu o senhor Porcalhão.

– Malinésia?

– Sim, uma terra muito distante.

– E essa ovelha pequena e de pelos lisos? Não se parece muito com esta aqui – mostrou o senhor Domênico a foto de uma ovelha para os senhores Bugalhos e Porcalhão.

– Que linda essa ovelha da foto!

O senhor Bugalhos pisou forte no pé do senhor Porcalhão e tentou consertar a besteira do sócio:

– Essa também é uma ovelha de **outlo** país.

– Sei. Que país?

– **Pelaí**. Cadê a **senhola** Monique?

– Ah, ela deve ter ido conferir... as outras áreas da fazenda. Olha aqui, senhor Bugalhos, esse boi também está bem diferente.

Mas o senhor Bugalhos não estava mais interessado em conversar, ele começou a procurar pela mulher que tinha desaparecido, até que a avistou no corredor entre os cercadinhos. Ela, então, chegou bem perto do senhor Bugalhos, segurou seu bigode com força e deu um puxão!

– Aaaiii! O que é isso, minha **senhola?**

– Chega de mentira, Cebolinha – e a senhora Monique puxou o chapéu dele e também tirou o seu chapéu, revelando quem era.

– Eu sabia que você **ela** muito **palecida** com alguém!

– Seu plano está acabado, e agora vocês vão receber uma lição por todo esse teatro que inventaram – Mônica se aproximou do senhor Porcalhão, arrancou seu chapéu, revelando Cascão por detrás da fantasia de fazendeiro.

– Isso é o que você pensa, dentuça! Eu tenho o seu coelho sujo e **delotei** você! Sou o dono da **lua**, você goste disso ou não!

– Do que você me chamou? E o que é isto aqui? – Mônica mostrou que estava com Sansão de volta.

– Mas... como? – perguntou Cascão e já foi se afastando da menina.

– Usamos o mesmo plano que vocês – respondeu Nico.

– O Nico distraiu vocês, eu fui até o clubinho e peguei o Sansão de volta.

– Mas deixamos **tlês gualdas** lá!

– Desde quando o Titi, o Jeremias e o Manezinho podem ser considerados guardas?

– Você passou pelos três? – Cascão estava cada vez mais longe da Mônica.

– Vocês acharam que não? – Mônica foi pisando duro, segurando firme o Sansão, enquanto se aproximava dos dois.

– Ah, Mônica, vai dizer que você não gostou dos bichos que nós mostramos?

– Bichos? Essa farsa?

Enquanto isso, Nico foi abrindo os cercadinhos e revelando os verdadeiros bichos. Cebolinha e Cascão tinham pegado os animais de estimação e os fantasiado de outros bichos!

– Pelo menos, vocês usaram materiais reciclados!

– Tá vendo? Fomos conscientes – tentou se defender Cascão.

– A gente não **quelia** gastar **dinheilo** nem **matelial complando** fantasia **plos** bichos.

– Meu avô iria adorar isso – riu Nico.

– Nico! Isso não importa, eles enganaram a gente.

Atividade

O senhor Bugalhos e o senhor Porcalhão usaram materiais reciclados para fantasiar os personagens do Limoeiro de animais de uma fazendinha de verdade.

Vamos diagnosticar, ou seja, olhar com bastante atenção, e relacionar as fantasias feitas com materiais reciclados aos animais fantasiados. Recorte, no final do livro, as imagens dos animais fantasiados e cole-os nos espaços correspondentes.

1.

 +  =

2.

 +  =

3.

4.

5.

RESPOSTA: 1) Chovinista fantasiado de porco-selvagem. 2) Floquinho fantasiado de boi. 3) Radar fantasiado de pônei. 4) Mingau fantasiado de ovelha. 5) Bidu fantasiado de bode.

Nico continuou o trabalho de libertar os animais falsos, como o Chovinista, porco do Cascão. O cachorro Floquinho, do Cebolinha, Mingau, o gato da Magali, que estava fantasiado de ovelha, e até Radar, o cachorro da Dorinha.

– Ah! Vocês foram longe demais! – praguejou a garota.

E Mônica saiu correndo atrás dos dois, que correram o máximo que puderam. Enquanto isso, Nico libertou também o coelho, que não era ninguém menos que a própria irmã caçula do Cebolinha, a Maria Cebolinha, e a galinha, que era o priminho da Magali, Dudu. Nico resolveu juntar todo o material reciclado que ficou espalhado e, depois de um tempo, Mônica apareceu, radiante.

– Pronto, dei uma lição neles – e Mônica começou a ajudar Nico a juntar as coisas. – Mas deixa o resto aí. Eu falei pra eles voltarem aqui pra arrumar toda essa bagunça que fizeram.

E continuou:

– Vamos pra casa – Mônica parou de repente. – Mas, antes, vou pegar meu dinheiro de volta, já que não eram bichos de fazendinha de verdade!

Mônica foi até o cofrinho da fazendinha, pegou o dinheiro das entradas que ela pagou e saiu. E nem precisou botar o Xaveco para correr, pois ele deu no pé quando viu a confusão. Na entrada da tenda, ela e seus amigos passaram por Cascão e Cebolinha, de olhos roxos, carregando sacos para recolher tudo.

CAPÍTULO 5

Sonhos para todos

Dias depois, enquanto esperava por seu pai, Nico conversava animado com Magali e Mônica sobre a futura visita ao sítio do seu Amadeu. Eles viam as fotos que Nico tinha no *tablet*.

– Eu já estou economizando bastante – disse Mônica, animada. – Aprendi a lição e não vou gastar mais com besteiras. Você está guardando dinheiro, Magali?

– É... eu estava, mas o seu Juca passou vendendo sorvete e não resisti!

– Não pode! – falaram Mônica e Nico juntos.

– Coloca tudo num cofre trancado, assim vai ser mais difícil gastar.

– Boa ideia! – concordou Magali. – Olha quem vem vindo – Magali apontou para o Cascão e para o Cebolinha. – Vocês não fizeram as pazes ainda?

– A gente não se falou desde que eles aprontaram – Mônica cruzou os braços e emburrou.

– Que besteira – Magali decidiu dar um empurrãozinho. – Cebolinha! Cascão! Venham aqui.

Os dois se aproximaram. Cebolinha ainda estava com um dos olhos um pouco roxo, depois do que tinha aprontado com a Mônica no outro dia. Cascão e Cebolinha, sem graça, cumprimentaram os três.

– Aonde vocês estão indo?

– A gente estava indo ao campinho, jogar bola.

– **Quelem** ir?

– A gente está esperando o pai do Nico, porque ele vai embora daqui a pouco – respondeu Mônica, ainda um pouco brava.

– E estamos vendo as fotos do sítio do avô dele – emendou Magali.

– Querem ver? – perguntou Nico.

Os dois se aproximaram e sentaram um de cada lado de Nico.

– Ah, são os bichos que você mostrou pra gente naquele fatídico dia... – comentou Cascão.

– É... – concordou Cebolinha, um tanto mal-humorado.

– Eles são bem bonitos! – continuou Cascão. – São todos do sítio do seu avô?

– São, sim! As meninas estão combinando de ir passar uns dias lá, e se quiserem ir também...

– Sim! Vamos! – comentou Magali, animada. – Vai ser muito legal se vocês forem também – e cutucou Mônica. – Né, Mônica?

– É, vai, sim. Lá tem bichos de verdade, sabe...

– Que ovelha mais bonitinha – mudou de assunto Cascão.

– É a Matilda! – Nico se animou ao falar de sua ovelha. – Vocês deveriam mesmo ir. A Mônica e a Magali já estão se organizando.

–É muito fácil: esse é nosso sonho, visitar o sítio do seu Amadeu – começou a explicar Magali. – Então, vimos quanto custa a passagem até Lagoa Branca, quanto precisamos economizar e em quanto tempo conseguiremos juntar o dinheiro pras passagens.

–E se cabe em nosso orçamento – completou Mônica. – Depois, a gente verifica quais despesas que não são tão necessárias podemos deixar de comprar. Assim, a gente consegue economizar ainda mais.

– Ei, vocês aprenderam direitinho o que é educação financeira! – comemorou Nico.

Atividade

Complete a cruzadinha com as palavras em negrito.

DIAGNOSTICAR: Quando olhamos algo bem de pertinho, qual é o pilar da **Metodologia** DSOP que usamos?

SONHAR: Sinônimo de ter desejos.

ORÇAR: Verificar se o que queremos cabe no nosso bolso.

POUPAR: Não é apenas guardar, mas também compartilhar, doar.

SUSTENTÁVEL: Não necessita de auxílios externos para se manter.

MESADA: Valor recebido por semana ou mês por alguém que não trabalha.

METODOLOGIA: Forma de fazer algo.

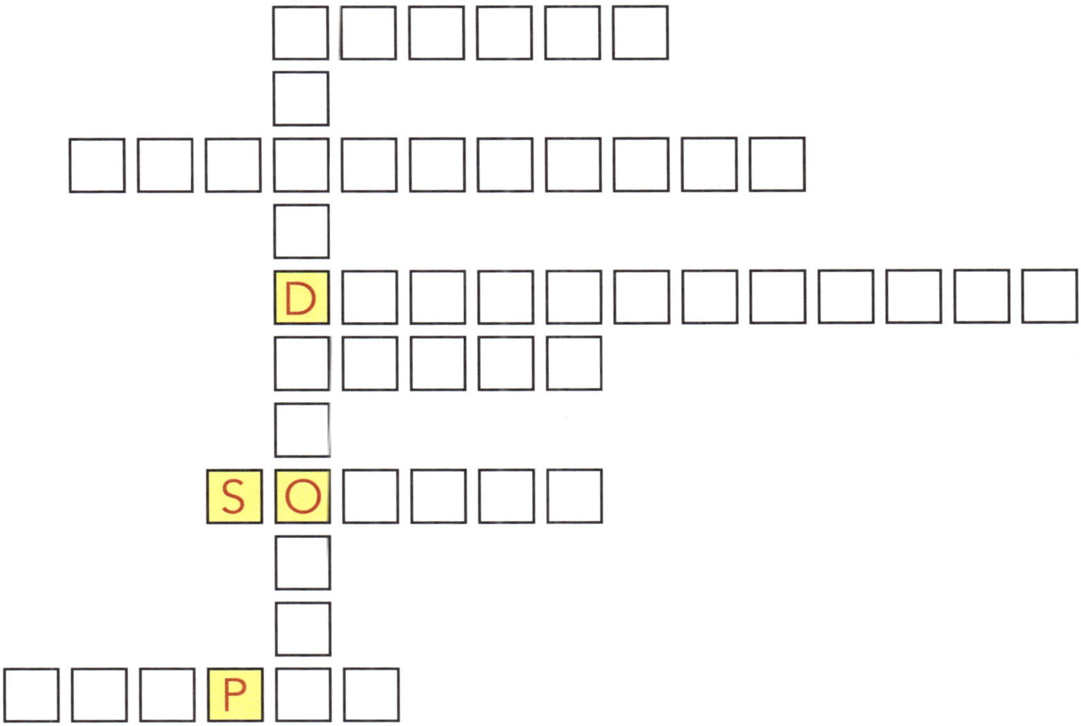

RESPOSTA: Na vertical: Metodologia; Na horizontal: Mesada, Sustentável, Diagnosticar, Orçar, Sonhar, Poupar.

– **Palece** simples.

– E é mesmo. É só se organizar pra ir com elas. Só me avisem antes, pra eu falar com meu avô, mas aposto que ele vai adorar.

– Vamos? – perguntou Cascão para Cebolinha.

Cebolinha olhou meio desconfiado para Mônica, que sorriu para ele.

– Vamos todo mundo, então! Vai ser divertido!

– Legal! Vou falar com meus pais e **gualdar dinheilo**.

O pai de Nico chegou, ele se despediu dos amigos e entrou no carro.

– A gente se vê em breve, Nico – gritou Mônica, acenando.

– Com certeza! – respondeu Nico, enquanto o carro começava a se afastar.

– Agora é só economizar dinheiro e parar de comprar sorvete, né, Magali?

– Essa é a parte mais difícil – emendou a garota.

Os quatro amigos riram.

– Vamos apostar uma corrida pra ver quem chega primeiro ao campinho? – propôs Cascão.

Cebolinha levantou e falou:

– Mas não é justo, Cascão. Como a Mônica é **golducha**, ela vai chegar por último – e saiu correndo o mais depressa possível.

– Você vai ver quem é gorducha, Cebolinhaaaaaa! – e Mônica saiu correndo, com o Sansão nas mãos, atrás do Cebolinha.

Fim.

Recorte as imagens e monte o jogo da memória.

Recorte as imagens e monte o jogo da memória.

Recorte as imagens dos animais fantasiados e cole-as na atividade das páginas 42 e 43.

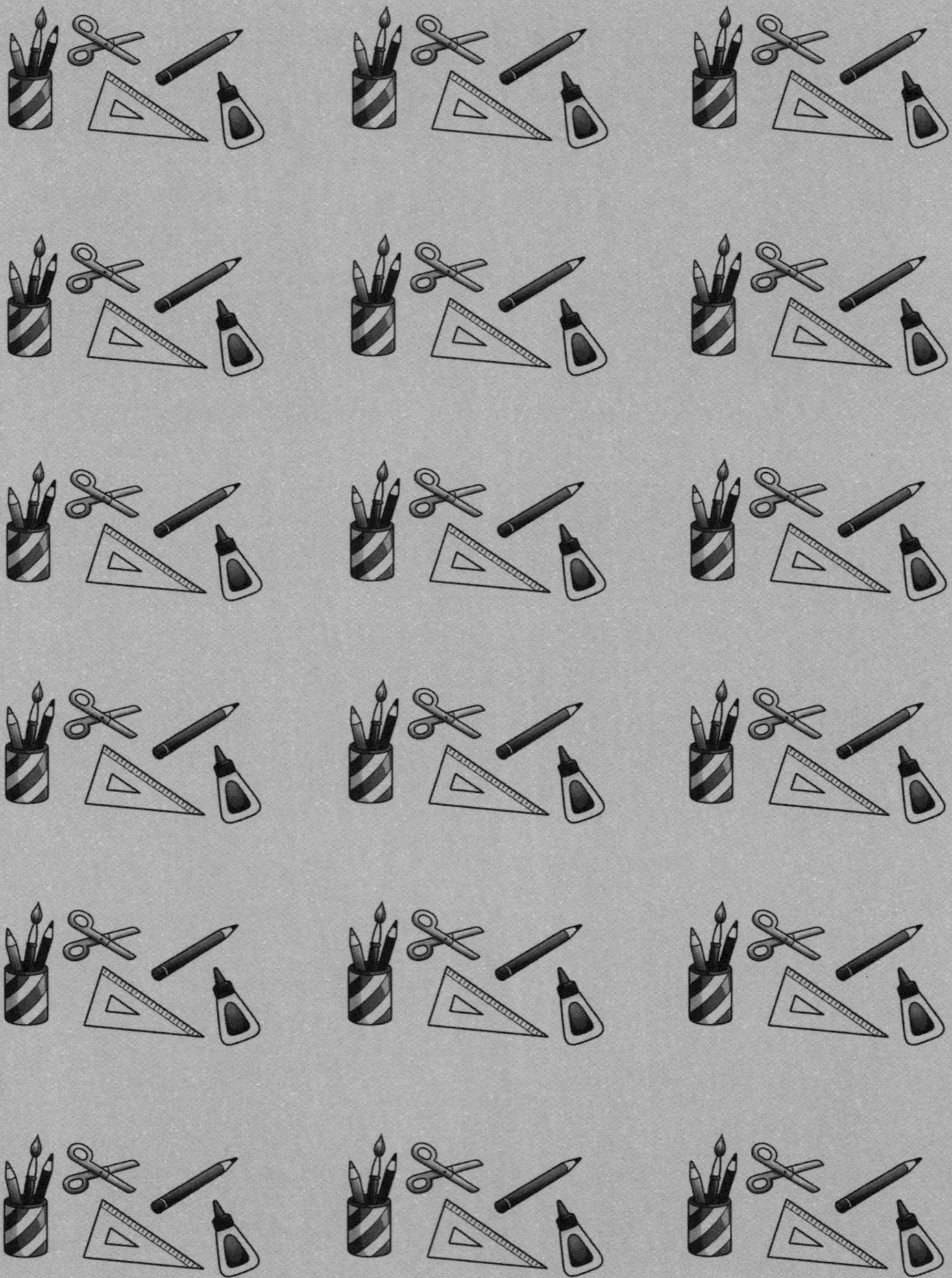

Recorte as imagens e cole-as nas páginas 36 e 37.

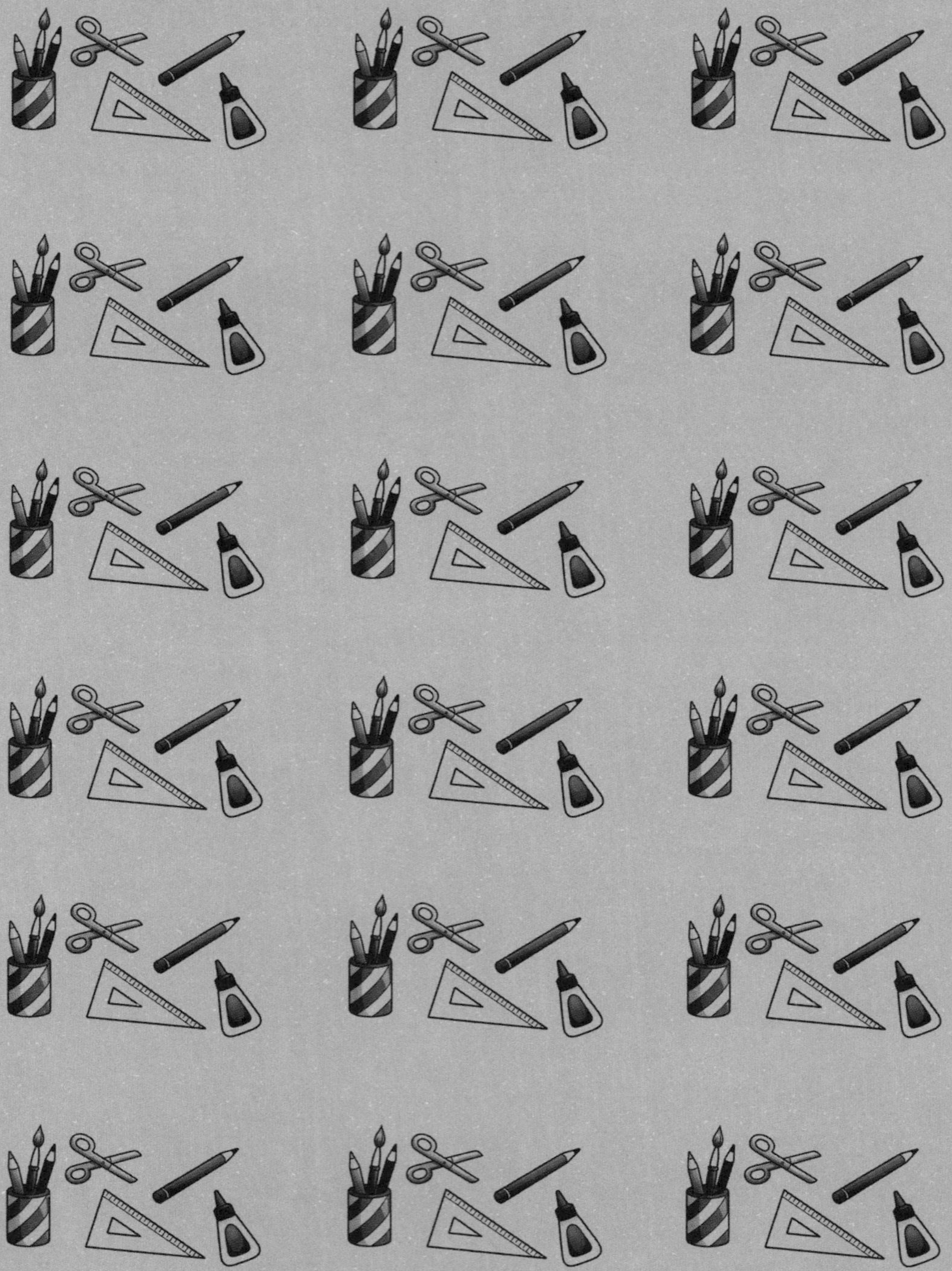

Dados Internacionais De Catalogação Na Publicação (CIP)
(Câmara Brasileira Do Livro, SP, Brasil)

Domingos, Reinaldo
Visita à fazendinha / Reinaldo Domingos;
ilustração Mauricio de Sousa. -- 1. ed. --
São Paulo: Editora DSOP, 2017

ISBN 978-85-8276-296-7

1. Finanças - Literatura infantojuvenil
I. Sousa, Mauricio de. II. Título.

17-03659 CDD-028.5

Índices para catálogo sistemático:
1. Educação financeira: Literatura infantil 028.5
2. Educação financeira: Literatura infantojuvenil 028.5

Presidente
Reinaldo Domingos

Diretora pedagógica
Ana Rosa Orellana Vilches Soprani

Editora de arte
Christine Baptista

Preparadora de texto
Renata de Sá

Roteirista e redatora
Daniela Nascimento

Revisor
Andrei Sant'Anna

Av. Paulista, 726 – Cj. 1210 – Bela Vista
CEP: 01310-910 – São Paulo – SP
Tel.: 11 3177-7800

Estúdios Mauricio de Sousa

Presidente: Mauricio de Sousa

Diretoria: Alice Keico Takeda, Mauro Takeda e Sousa, Mônica S. e Sousa

Mauricio de Sousa é membro da Academia Paulista de Letras (APL)

Diretora Executiva
Alice Keico Takeda

Direção de Arte
Wagner Bonilla

Diretor de Licenciamento
Rodrigo Paiva

Coordenadora Comercial Editorial
Tatiane Comlosi

Analista Comercial
Alexandra Paulista

Editor
Sidney Gusman

Layout
Robson Barreto de Lacerda

Revisão
Ivana Mello

Editor de Arte
Mauro Souza

Coordenação de Arte
Irene Dellega, Maria A. Rabello, Nilza Faustino

Produtora Editorial Jr.
Regiane Moreira

Desenho
Emy T. Y. Acosta

Arte-final
Clarisse Hirabayashi, Juliana Mendes,
Marcos Paulo da Silva, Romeu T. Furusawa

Cor
Giba Valadares, Kaio Bruder,
Marcelo Conquista, Mauro Souza

Designer Gráfico e Diagramação
Estúdio Mauricio de Sousa

Supervisão de Conteúdo
Marina Takeda e Sousa

Supervisão Geral
Mauricio de Sousa

Condomínio E-Business Park
Rua Werner Von Siemens, 111 - Prédio 19
Espaço 01 - Lapa de Baixo – São Paulo/SP
CEP: 05069-010 - TEL.: +55 11 3613-5000